AF460822

NOTICE

SUR

M. L'ABBÉ RICHARD

Chanoine Titulaire

DE L'ÉGLISE DU MANS

PAR

L'ABBÉ ERN. L. DUBOIS

Vicaire à Notre-Dame de la Couture

LE MANS

IMPRIMERIE LEGUICHEUX ET Cie

15, RUE MARCHANDE, ET RUE BOURGEOISE, 16

1886

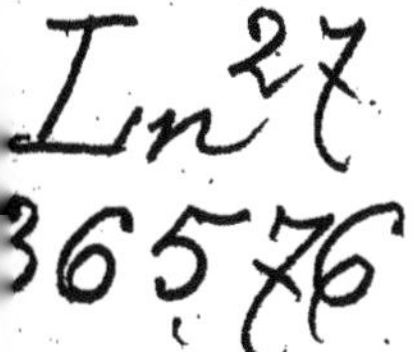

NOTICE

SUR

M. L'ABBÉ RICHARD

Chanoine Titulaire

DE L'ÉGLISE DU MANS.

« Je, soussigné, HENRI-JOSEPH RICHARD, prêtre malgré « mon indignité, chanoine de l'Église cathédrale du Mans, « déclare croire et confesser tout ce que croit, confesse et « enseigne la sainte Église de Jésus-Christ, catholique, « apostolique et romaine, dans le sein de laquelle, par la « grâce de Dieu, j'ai eu le bonheur de naître et d'être bap- « tisé, et dans laquelle je demande et j'espère dans la bonté « divine, la grâce de vivre et de mourir.

« Je prie Dieu, quand il Lui plaira de me retirer de ce « monde, qu'Il daigne, par les mérites de Notre-Seigneur « Jésus-Christ et par l'intercession de la Très-Sainte Vierge « et de mes saints patrons, me pardonner mes innombrables « péchés et me recevoir dans son infinie miséricorde. » (1)

Le style, c'est l'homme, a dit Buffon. Ce qui fait l'homme surtout, c'est le cœur ; mais le prêtre se révèle par sa foi.

Cette triple pensée ne ressort-elle pas d'elle-même des

(1) Extrait du testament de M. l'abbé Richard (août 1884.)

quelques lignes que nous venons de transcrire où se résument, dans un style énergique, le cœur et la foi de M. l'abbé Richard!

Limité par le temps, nous ne pouvons que tracer à la hâte l'esquisse de cette digne et sympathique figure, sans pouvoir y donner le soin et le fini qu'elle mérite. Grâce pourtant aux renseignements qu'a bien voulu nous communiquer son plus intime ami, M. l'abbé Outin, vicaire général, il nous sera doux de pouvoir rendre à la mémoire de M. Richard un dernier hommage de notre profond respect et de notre affectueuse gratitude, en rappelant, dans une simple biographie, les souvenirs si pleins d'édification que nous laisse sa vie tout entière.

I

Des circonstances imprévues firent naître Henri-Joseph Richard à Fresnay-sur-Sarthe, le 3 octobre 1813. Sa famille habitait Notre-Dame de Torcé, où son père était notaire. Baptisé dans l'église de Fresnay le 9 octobre, il fut tenu sur les fonts baptismaux par son aïeul maternel, René-Casimir Legeay, et par sa tante, Catherine Richard. Avec les noms d'Henri-Joseph, il reçut au baptême ce trésor sacré de la foi qu'il devait garder si fermement pendant toute sa vie. Pure et pieuse, sa première enfance s'écoula en grande partie à l'ombre de l'antique sanctuaire de Notre-Dame de Torcé, où il puisa sans doute sa grande dévotion envers la Très-Sainte Vierge. Par ses alliances et ses ancêtres, la famille Richard tenait à la noblesse (1), mais elle tirait surtout sa véritable grandeur de son attachement à la religion et à la cause royaliste. Chez elle, la vertu et la foi étaient un héritage ; et quelques années plus tôt, en ces tristes jours où la fidélité

(1) Nous avons retrouvé les titres et les armoiries de plusieurs membres de cette famille.

à la religion et à la monarchie était devenue un crime, les frères Richard, dont l'un était curé de Saussay (1), avaient dû chercher un refuge sur la terre étrangère. Ce fut en récompense des services rendus et de son attachement à la cause royaliste que M. Richard père fut nommé plus tard chevalier de l'Ordre de Saint-Louis. Elevé dans cette atmosphère de vertu et de fidélité, l'abbé Richard avait, dès son bas âge, respiré cet air qui nourrit et fortifie le cœur et l'esprit.

II

Ce fut au Collège du Mans que Henri Richard, victime d'un accident qui avait frappé le corps sans atteindre l'intelligence, vint continuer son éducation et acquérir la science qu'il devait si fidèlement employer à la gloire de Dieu. D'après les anciens palmarès du Collège, on peut constater qu'annuellement ses efforts et son application au travail étaient couronnés par les plus brillants succès. Justement apprécié et aimé de ses professeurs, il était pour ses condisciples un modèle et un sujet d'édification. Sa foi vive se révélait par une piété sincère qui réglait et sanctifiait son travail, et par un grand zèle pour les œuvres pieuses établies dans le Collège. C'est à titre de trésorier zélé pour l'Œuvre de Saint-Joseph qu'il reçut, en 1830, du jeune duc de Bordeaux, une gravure où se lit cette inscription : « Donné par S. A. R. Monseigneur le duc de Bordeaux à M. H.-J. Richard, pensionnaire au Collège du Mans. »

(1) M. Jacques Richard, oncle de M. l'abbé Henri Richard, était curé de Saussay à l'époque de la Révolution. Il refusa de prêter le serment (V. Dom Piolin, *Hist. de l'Église du Mans pendant la Révolution*, t. VII, 465). — A son retour en France, il devint curé de Montfort, où il mourut en 1813.

M. Richard père, fit partie de l'armée de Condé. Pendant la Révolution, les évènements le conduisirent en Pologne ou il résida quelque temps comme précepteur. Rentré en France il devint notaire à Sillé-le-Philippe puis à Torcé. Il fut maire de cette commune pendant plus de trente ans. Il mourut au Mans le 19 mai 1853.

Son intelligence et son jugement perçaient dans ses compositions et ses appréciations. Lors de la première visite de Mgr Carron au Collège du Mans, il fut chargé de composer et de lire une pièce de vers pour complimenter le nouveau prélat (1). Respectueux jusqu'au scrupule de la règle, du devoir et de la discipline, caractère grave et austère, nature bonne et sévère, docile, prudente, simple, il nous semble qu'il se rappelait ce qu'il avait été, en écrivant plus tard ces lignes à un jeune élève de Collège : « Votre bonheur, mon « cher enfant, autant qu'il peut être ici-bas, vous ne le trou« verez que dans l'application à vos devoirs, à tous vos « devoirs. Ceci comprend l'amour de Dieu avant et par « dessus toutes choses, l'obéissance, la docilité, le travail « soutenu, la conduite vraiment sage, la fuite des occasions « ou des compagnies dangereuses, la répression de ces petits « sentiments d'amour-propre qui s'infiltrent si facilement « dans les cœurs les mieux disposés. » (2) Il terminait sa philosophie au mois d'août 1830. Le 12 octobre, il subissait avec succès ses examens et recevait, le 30 décembre, son diplôme de bachelier ès-lettres.

III

En quittant le Collège du Mans, Henri Richard annonça à son père son dessein dès longtemps mûri d'embrasser la carrière ecclésiastique, et son désir d'entrer au Grand-Séminaire. Les événements politiques qui survinrent alors, la situation faite au clergé, l'état général des esprits, empêchèrent le père d'accéder aux désirs du fils. Pendant un an, ce dernier exerça les fonctions de clerc de notaire dans l'étude de

(1) Pièce manuscrite trouvée dans ses papiers, ayant pour titre : « Vers latins lus à Mgr Philippe Carron, lors de sa première visite au Collège du Mans. «

(2) Lettre du 22 juillet 1873.

son père à Notre-Dame de Torcé. L'année suivante, 1832, il vint au Mans où il entra dans l'étude de Me Vidal en qualité de second clerc. Un an plus tard, il en devenait le premier clerc par le départ de M. Leporché. Personne, au témoignage du notaire lui-même, ne rédigeait aussi bien un acte que M. Richard. Personne n'était plus apte à prévoir, à saisir une difficulté et à la débrouiller. Précis, net, clair, son style révélait des aptitudes toutes spéciales pour les affaires. « Je n'ai qu'à me louer de son zèle et de sa délicatesse, écrivait M. Vidal (1); sa capacité bien connue et sa moralité parfaite en avaient fait pour moi un ami et un collaborateur, qui jouissait de toute la confiance de mes clients. Son éloignement de mon étude est regardé par moi comme la perte la plus sensible que j'aie faite pour mes intérêts et pour mes affections depuis que je suis notaire. » Intimement lié avec MM. Fouqueray, Fleuriot, et autres fondateurs de la Conférence de Saint-Vincent-de-Paul au Mans, il dut lui-même, au dire de certains, faire partie de cette Société à son début. Il avait conservé par ailleurs des relations fréquentes avec ses anciens professeurs du Collège, et en particulier avec M. l'abbé Bouvet (2) qui savait garder une salutaire et sérieuse influence sur ses anciens élèves. C'est ainsi que s'écoulèrent ces dix années de probation, pendant lesquelles, constamment fidèle à la ligne de conduite qu'il s'était tracée, H. Richard se montra toujours et partout l'homme de foi, du devoir et de la règle, mûrissant, dans la pratique du bien et de la charité, sa vocation sacerdotale.

IV

En octobre 1841, M. H. Richard entrait au Grand-Séminaire pour y suivre les cours de théologie. On le vit dès le

(1) Le 3 juillet 1841.
(2) Mort curé doyen de la Suze.

début tel qu'il s'était montré dans le monde, tel qu'il ne devait jamais cesser d'être dans toute sa carrière sacerdotale : Sa foi, si vive déjà, trouva dans les études bibliques et théologiques un précieux aliment, et sa piété s'accrut et se fortifia dans les pieux exercices de la prière et de la méditation. Esprit droit et judicieux, observateur scrupuleux du règlement, sévère pour lui-même, assidu à l'étude, il se concilia promptement l'estime de ses condisciples. Nature sensible et délicate, cœur dévoué et aimant, il éprouvait un besoin réel d'affections. Aussi s'attacha-t-il, dès cette époque, de nombreux amis parmi lesquels, M. l'abbé B. Gourdelier, mort curé d'Évron, fut l'un des plus intimes.

Le pieux lévite montait par degrés les échelons de la hiérarchie sacrée sous la direction de maîtres expérimentés, et guidé par les conseils de M. l'abbé Chevereau, alors supérieur du Grand-Séminaire. Il lui plaisait de rappeler ces souvenirs : « En vous voyant ici, Monseigneur, disait-il à Mgr Fillion, en voyant à vos côtés le pieux et vénérable prêtre qui fut mon supérieur et qui voulut bien toujours m'honorer de son affection, je me rappelle ces jours du Séminaire déjà si loin, mais toujours aimés, où j'eus le bonheur de goûter les leçons de votre science et le charme de vos exemples » (1).

V

Au mois d'avril 1844, pendant la dernière année de ses études théologiques, et n'étant alors que diacre, M. Richard fut choisi par Mgr Bouvier pour remplir les fonctions de pro-secrétaire de l'Évêché.

Déjà initié à ce genre de travail, supérieurement pourvu du don de précision, versé dès longtemps dans la science du droit et de la législation, doué d'ailleurs d'une judicieuse

(1) Discours à Mgr Fillion, lors de sa première visite à Saint-Calais.

pénétration d'esprit, l'abbé Richard se mit très promptement au courant de l'administration des affaires ecclésiastiques. Aussi, après quelques mois seulement de stage à titre de pro-secrétaire, il fut nommé secrétaire général de l'Évêché. C'était le 24 décembre 1844, et M. Lecottier était mort le 3 décembre de la même année.

Ordonné prêtre le 1er juin 1844, M. Richard avait célébré sa première grand'messe dans le sanctuaire privilégié de Notre-Dame de Torcé, au milieu de sa famille, heureuse d'avoir donné un prêtre à l'Église, et nous pouvons ajouter, dans ce prêtre, tous ceux qui lui sont redevables de leur vocation. Source de sa piété et règle de sa conduite, la foi devait être désormais le principe de son dévouement et de sa sainteté. Servir l'Église était toute son ambition, procurer la gloire de Dieu son plus cher désir. L'Église du Mans, si riche en prêtres pieux et éminents, l'honorait en le recevant dans son sein, en l'élevant à la dignité du sacerdoce : il devait lui-même l'honorer à son tour par ses vertus, ses talents et ses services.

Secrétaire général, l'abbé Richard devenait le commensal de Mgr Bouvier. Il se rencontrait à l'Évêché avec M. l'abbé Sébaux, aujourd'hui évêque d'Angoulême, alors secrétaire particulier de Mgr l'Evêque du Mans. M. Outin venait également d'y être appelé en qualité de pro-secrétaire (27 décembre 1844). Dès lors s'établirent entre eux ces rapports intimes formés par l'attachement uni au respect le plus profond qu'ils portaient à Mgr Bouvier : rapports que le souvenir du pieux et savant prélat devait entretenir toujours durables.

Redire les douces joies de cette vie si intime de l'Évêché, « vie si réglée, si simple, si cordiale, véritable vie de

***

« communauté » ; rappeler ces délicieux moments, comme il les appelait, passés près du vénérable évêque du Mans, n'était pas un des souvenirs les moins chers au cœur de M. l'abbé Richard, qui professait pour Mgr Bouvier, une vénération unie à la plus filiale affection. Une de ses dernières joies, car c'était son vif désir, a été d'apprendre qu'une vie du grand Évêque devait être bientôt livrée au public, écrite par celui-là seul, qui, à tous égards, disait-il souvent, pouvait le mieux entreprendre cette œuvre.

Secondé dans les rudes et ingrats labeurs de l'administration par l'ami dévoué qui devait rester jusqu'aux derniers jours de sa vie son confident et son conseiller fidèle, le nouveau secrétaire-général de l'Évêché du Mans confirma bien vite la confiance que son évèque lui avait témoignée. Bientôt on put dire au ministère des cultes qu'entre tous les secrétariats de France, celui du Mans se faisait remarquer par son excellente gestion des affaires. C'est le témoignage qu'au début même rendait au Secrétaire Général de l'Évêché du Mans, M. Victor Hamille, le directeur des cultes à cette époque, et depuis sénateur du Pas-de-Calais, dont *l'Univers* (1) annonçait ces jours derniers la mort subite.

On remarquait surtout dans l'abbé Richard une grande facilité de rédaction jointe à une judicieuse sagacité. Prévoyant d'abord les difficultés avant de voir les avantages, d'une exigeance plus que minutieuse peut-être, poussant juqu'à l'excès l'amour de l'ordre et de la justice, il passait pour sévère et méticuleux, défauts qui, en administration, peuvent devenir de véritables qualités. Mgr Bouvier, du reste, appréciait les rares talents de son secrétaire et l'honorait par une bienveillance toute particu-

(1) *L'Univers*, nº du 23 nov. 1885.

lière : « Vous êtes bien réellement le maître du logis, lui « écrivait-il au mois de septembre 1845, puisque vous êtes « seul ; votre solitude est loin néanmoins d'être un pur her- « mitage et ne durera pas longtemps. Nous parlons de vou « souvent ; j'y pense plus souvent encore !... (1) » Comme marque publique de cette bienveillance et de sa confiance, Mgr l'Évêque du Mans nomma M. l'abbé Richard, chanoine honoraire de l'Église Cathédrale, le 14 novembre 1846. (2) Depuis cette époque la confiance du vénérable Prélat ne fit que s'accroître chaque jour. Nous en avons la preuve dans sa nombreuse correspondance avec l'abbé Richard. Pendant ses voyages et ses tournées pastorales, l'Évêque écrivait presque chaque jour à son secrétaire, le chargeant souvent de traiter une affaire importante : « Je vous confie, mon cher abbé, la lettre et les intérêts de M..... ; faites « selon votre prudence, ce que vous croirez juste et le plus « utile pour lui (3). » D'autrefois c'était des félicitations pour une rédaction quelconque, ou pour une affaire menée à bonne fin : « Votre projet de répartition me paraît bien..... (4). « Votre lettre au curé de Saint-Pierre-la-Cour m'a paru « très bien... je l'ai fait expédier... (5) » Entr'autres travaux « administratifs, M. Richard dut s'occuper spécialement de la *Caisse des Retraites*. Il fut alors l'inspirateur de certains réglements qui devaient donner à cette œuvre son organisation définitive et la rendre plus florissante (6). Appelé à faire partie du Comité départemental de l'*Association de Secours*

(1) Lettre de Mgr Bouvier à M. Richard, datée de Laval 20 septembre 1845.

(2) *La Province du Maine*, 14 novembre 1846, page 361. — M. l'abbé Sebaux fut nommé chanoine honoraire en même temps que M. Richard.

(3) Lettre de Mgr Bouvier à M. Richard, Laval, 22 mai 1849.

(4) id. id. Ernée, 14 mai 1852.

(5) id. id. Laval, 23 septembre 1846.

(6) Voir les comptes-rendus et rapports de la caisse des Retraites qu'il composait chaque année.

Mutuels établie dans le département de la Sarthe, il fut chargé de la rédaction des statuts de cette société à laquelle il prêta longtemps un généreux et intelligent concours (1).

Entre temps, et malgré la multiplicité des travaux nécessités par l'expédition des affaires d'un si vaste diocèse, MM. les Secrétaires de l'Évêché donnaient leurs soins aux petits ramoneurs de la ville, qu'ils réunissaient dans une des salles du secrétariat (2). « Pauvres et chers petits ramo-« neurs, écrivait M. Sébaux à M. Richard, je m'unis « par la prière aux bons soins que vous leur donnez. Dites-« leur, je vous en prie, tout mon intérêt... » (3) « J'es-« père trouver réunis tous nos chers petits ramoneurs : « ceux que je rencontre sur mon chemin me rappellent « nos bons petits enfants du Mans. Que Notre-Seigneur nous « vienne en aide pour reprendre et accomplir son œuvre. » (4)

Depuis longtemps, Mgr Bouvier, rempli de sollicitude pour le bien de son diocèse, mûrissait le projet de réunir un Synode. Dans une Lettre pastorale du 29 mars 1851, promulguant les actes et les décrets du Concile de Rennes, le pieux Évêque communiquait à son clergé un projet de statuts synodaux, et indiquait, pour le 6 septembre suivant, un Synode Diocésain. M. Richard fut un des notaires de ce synode. C'est à ce titre qu'il publia, en 1852, l'*Histoire du Synode diocésain du Mans* (5). Ce fut un magnifique et impo-

(1) V. *Association de Secours Mutuels dans le département de la Sarthe*, 1850. Le Mans. Imp. Gallienne, rue de la Paille, 10.

(2) « Cette œuvre, dit la *Semaine du Fidèle*, du 28 février 1863, a été fondée dans notre ville en 1844 à l'instigation de Mgr Bouvier par deux prêtres dont le zèle charitable est connu depuis longtemps. » *Sem. du Fid., t. I, p.* 220, *œuvre des Petits Ramoneurs*. Ces deux prêtres n'étaient autres que MM Sebaux et Richard.

(3) Lettre de M. l'abbé Sebaux, 27 janvier 1846.

(4) Lettre de M. l'abbé Sebaux, 9 octobre 1846.

(5) *Histoire du Synode Diocésain du Mans tenu par Mgr J.-B. Bouvier.* — Le Mans, Monnoyer, 1852, in-8°.

sant spectacle que celui de ce synode « qui fit briller écrivait-il aux « yeux de tous, d'un si vif éclat, les éminente « qualités du pieux et savant Pontife, et réunit tous les « membres de l'assemblée dans un même sentiment de « confiance et de « vénération pour leur Évêque (1). »

Le diocèse du Mans avait justement lieu d'être fier de son premier pasteur, mais personne, plus que son Secrétaire général, ne se réjouissait des témoignages de respect et d'admiration rendus au vénérable Prélat. Hélas! les extrêmes se touchent, et la tristesse suit souvent de bien près la oie. Trois ans s'étaient à peine écoulés que déjà les premières atteintes d'une terrible maladie venaient jeter l'inquiétude dans tous les cœurs. Ces inquiétudes, M. Richard les ressentit des premiers, prévenu par le bon Évêque lui-même, du mal qui venait de l'atteindre.

Appelé expressément par Pie IX pour se rendre à Rome et assister aux fêtes de la proclamation du dogme de l'Immaculée-Conception, Mgr Bouvier quittait Le Mans le 13 octobre, et, dès le 18, il écrivait de Paris à son « cher secrétaire : « Un commencement de cholérine dont je fus « atteint à Meaux s'est considérablement accru ici hier, « mais surtout aujourd'hui. Un médecin que j'ai fait venir « ce matin, m'a condamné à une diète absolue... Hier, je « suis sorti malgré le mauvais temps; aujourd'hui mon « docteur s'y est opposé, et, par obéissance, j'ai renoncé à « aller dîner chez le Nonce qui m'avait si gracieusement « invité. De suite, je lui ai écrit deux mots pour m'excuser. « Il s'est empressé de venir me voir et m'a dit qu'il venait « de recevoir du cardinal Antonelli l'avis que, par égard « pour mes jambes, je serais logé au Quirinal, dans un appar-

(1) *Histoire du Synode*, page 52.

« tement peu élevé. C'est la partie de Rome la plus saine. « Hier j'allai au ministère, etc... » (1).

La maladie de Mgr Bouvier se prolongea pendant plus de deux mois, durant lesquels l'abbé Richard attendait avec anxiété les nouvelles que, de Lyon ou de Rome, lui adressait presque chaque jour le secrétaire particulier de l'Évêque du Mans : « Cher et bon ami, priez et faites prier pour Monsei- « gneur. . N'oubliez pas non plus celui qui vous écrit ces « lignes et dont l'âme est pauvre et malade autant que le « corps se porte bien. » (2) Puisant du courage dans la prière et dans les épanchements de l'amitié, soutenu par l'espérance, l'abbé Richard, loin de se laisser abattre, s'adonnait avec une nouvelle ardeur au travail et aux œuvres : « Laissez-moi vous engager, lui écrivait M. l'abbé « Sebaux, à ne pas laisser monter ce cumul d'emplois jus- « qu'à ce qu'il vous abatte et vous écrase ; il faut toujours, « comme le dit saint Paul : *Sapere ad sobrietatem*. Vous me « renvoyez la maxime. Profitons-en tous deux : ***Frater qui « adjuvatur a fratre quasi civitas firma.*** (3)

Quelles consolations mutuelles devaient trouver dans cet échange de pensées, ces deux amis qu'un même sentiment d'amour filial unissait fraternellement ! Faut-il, dès lors, s'étonner en lisant ces paroles : « Pourquoi vous écrire, « puisque je n'ai que de mauvaises nouvelles à vous donner, « et comment ne pas verser pourtant en votre cœur une « partie de la douleur qui oppresse le mien ! Monseigneur, « notre vénéré et bien aimé père, est très mal (4)... « Bon et « cher frère, répétons-le dans l'amertume de nos âmes : Que

(1) Lettre de Mgr Bouvier à M. Richard, Paris, 18 octobre 1854.
(2) Lettre de M. l'abbé Sebaux à M. Richard, Lyon, 23 octobre 1854.
(3) id. id. Lyon, 25 octobre 1854.
(4) id. id. Rome, 17 décembre 1854.

« la volonté de Dieu soit faite. Notre excellent père l'a redit « bien des fois.. Mon cœur est navré. Monseigneur est mort « doucement, sans agonie, du sommeil des saints..... » (1)

VI

La mort de son évêque bien-aimé fut pour l'abbé Richard une des plus grandes peines de sa vie. Ce n'était là cependant que le prélude d'une suite de sacrifices par lesquels il plaît souvent à la divine Providence de conduire les siens.

La question de l'érection d'un siège épiscopal à Laval, depuis longtemps agitée, allait être enfin résolue affirmativement.

« Que ces moments sont graves, bien-aimé frère! J'en « suis ému comme vous, répondait M. Sébaux à l'abbé « Richard ; une séparation certaine entre des confrères et des « amis, probable entre vous et moi, pauvre cher ami... Que « l'excellent père qui nous a quittés pour le ciel prie pour « nous, pour vous en particulier qu'il daignait honorer de « son affection. » (2) C'est dans ces moments d'épreuve où la mémoire de liens si chers brisés, où l'attente d'événements nouveaux et de séparations nouvelles nous font si vivement sentir la fragilité des choses humaines, que la foi est un puissant appui pour l'âme du prêtre.

Lors de l'arrivée de Mgr Nanquette au Mans, M. l'abbé Sebaux, fixé à Laval depuis quelque temps déjà, demeura attaché à ce diocèse, et M. Richard continua de remplir à l'évêché du Mans les fonctions de secrétaire général. La création du diocèse de Laval nécessita alors de nombreux travaux dans les affaires d'administration, notamment celui du partage de la Caisse des retraites. A cette occasion, M. Richard

(1) Lettre de M. l'abbé Sebaux à M. Richard, Rome, 29 décembre 1854.
(2) Lettre de M. Sébaux, 1855.

rédigea un rapport aussi remarquable que justement apprécié et qui lui valut de la part de Mgr Wicart de bienveillantes félicitations. (1)

VII

Les desseins de la divine Providence sont impénétrables à nos yeux ; ses voies ne sont pas semblables aux nôtres, et la manière dont il lui plaît de disposer des hommes et des choses ne saurait être comprise par la sagesse humaine. Humainement parlant, rien, il faut l'avouer, ne semblait appeler M. Richard aux saintes et redoutables fonctions du ministère pastoral, ni son extérieur, ni sa santé, ni les emplois par lesquels jusqu'à cette heure il avait plu à la volonté divine de le faire passer. L'on pouvait croire qu'avec ses aptitudes spéciales et son expérience de quinze années, l'abbé Richard avait sa carrière tout entière tracée dans les travaux d'administration. Un jour vint cependant où la voix de son Évêque se fit entendre, et le prêtre obéit sans aucune hésitation. Mgr Nanquette offrait à son Secrétaire général la cure de Saint-Calais, vacante par la nomination de M. Toury comme Vicaire-Général. C'était le 29 mai 1858. « Nous sommes désolés de le perdre, disait M. V. Hamille, « directeur des cultes, à Mgr Fillion, évêque élu de Saint-« Claude, M. Richard était le premier secrétaire de tous les « évêchés de France ; lorsque nous avions des renseigne-« ments à donner dans quelques diocèses, nous donnions ses « procès-verbaux, ses comptes, etc., comme modèles. » (2)

« Il s'est fait dans mon âme un profond déchirement, « écrivait alors M. Richard, lorsque, brisant avec un passé

(1) *Caisse des retraites ecclésiastiques, compte-rendu de l'année* 1855.

(2) Lettre de M. l'abbé Souty, qui accompagna Mgr Fillion au ministère des cultes en 1858.

« déjà long, j'ai dû dire adieu à cette chère ville du Mans où « j'avais rencontré de si précieuses sympathies; adieu à cette « Cathédrale où tant de fois j'ai prié, et dans laquelle j'aimais « à m'agenouiller près des restes vénérés du saint pontife « qui fut pour moi plus qu'un père ; adieu à ces dignes et « pieux supérieurs qui voulaient bien me traiter comme un « ami plutôt que comme un inférieur ; adieu à ces chers et « bien-aimés confrères dont l'affection, le dévouement et « les bons conseils ne me firent jamais défaut ; adieu aux « amis de mon enfance et de ma jeunesse (1) ; adieu enfin, « à une mère d'adoption plus qu'octogénaire, qui comptait, « pour aider aux derniers jours de sa vieillesse et pour fer« mer ses yeux, sur le fils qu'elle s'était choisi. Toutes ces « affections, le Seigneur m'en a demandé le sacrifice ! »

VIII

M. l'abbé Toury, Vicaire-Général, voulut bien accepter de présider l'installation de son successeur à Saint-Calais. Cette cérémonie eut lieu le dimanche 6 juin 1858. « Je viens au « milieu de vous, mes frères bien-aimés, disait le nouveau « curé à ses paroissiens, avec la conscience profondément « sentie de ma faiblesse et du peu que je suis ; j'y viens en « même temps avec la confiance que, ne pouvant rien par « moi-même, je pourrai tout en Celui de qui j'attends ma « force... Pasteur et père, je cesse d'être à moi pour être à « chacun de vous... » (2) Avec la foi pour guide, et le devoir pour règle, le nouvel archiprêtre ne tarda pas à se concilier l'estime de ses paroissiens et à ramener à lui ceux d'entre eux que des regrets, bien légitimes d'ailleurs, avaient pu

(1) Nous devons citer ici le nom du bon M. Lochet, compatriote de M. Richard et avec qui il fut toujours lié par la plus étroite amitié.

(2) Discours d'installation, Saint-Calais, 6 juin 1858.

tenir éloignés. Continuant pour lui-même cette vie réglée et austère qu'il s'était imposée, M. Richard apportait, il est vrai, dans l'exercice du saint ministère cette régularité minutieuse de l'administrateur, qui parfois pouvait être taxée d'exigence et de sévérité. Chacun cependant rendait justice à la droiture de ses intentions, louait son humilité, son zèle pour la gloire de Dieu, son dévouement pour tous. Il nous faudrait rappeler ici toutes les œuvres paroissiales auxquelles il prêta son concours; qu'il nous suffise de dire qu'il se livra tout entier aux inspirations de sa foi et de sa charité. Les malades et les faibles avaient ses préférences. On le vit bien lorsque, dès le début de son ministère pastoral, il conçut la pensée de fonder un établissement de Sœurs garde-malades. Son but n'était pas seulement le soulagement et la guérison du corps, mais aussi le bien et le salut des âmes. Aidé dans son projet par la noble famille de Vanssay et par les souscriptions de ses paroissiens, il appelait à Saint-Calais, dès 1860, des Sœurs de Bon-Secours de Troyes. Ce fut la première maison de cet Ordre fondée dans le diocèse du Mans.

Si les malades avaient ses préférences, les enfants étaient l'objet de ses prédilections. A l'exemple du Divin Maître, il aimait à réunir autour de lui les petits enfants, cherchant à découvrir dans leurs jeunes âmes le germe d'une vocation. C'est ainsi qu'il pouvait dire : « Je distinguai bien vite, « parmi les enfants de chœur de l'église, cette figure aux « traits délicats, à l'œil observateur et intelligent, et je me « demandai si cet enfant n'était pas appelé à servir Dieu et « l'Eglise. » (1) Ses espérances ne devaient pas se réaliser;

(1) Notice sur les derniers instants d'un jeune serviteur de Marie. *Semaine du Fidèle*, T. I, p. 599, 615, 631, 647. — Cette notice eut un tirage à part, année 1863.

la mort arrêtait dans le chemin de sa vocation l'élève du Petit-Séminaire, et M. Richard, dans une *Notice sur les derniers instants d'un jeune serviteur de Marie,* racontait la fin édifiante de cet enfant « qu'il aimait comme un fils ». On se rappelle encore de quelle affectueuse et paternelle sollicitude il entourait les divers établissements de Saint-Calais : le collège auquel il porta toujours un intérêt tout particulier, l'hospice où il aimait à encourager le dévouement des religieuses et à consoler les pauvres malades, la Sainte-Enfance, les Sœurs garde-malades, les écoles qu'il se plaisait à visiter.

Plein de zèle pour la maison de Dieu, la splendeur du culte et la propreté de son église étaient l'objet de toutes ses attentions : *ut exhiberet ipse sibi gloriosam Ecclesiam non habentem maculam* (1). Mais avant toute autre préoccupation, il plaçait le soin des âmes dans lesquelles il s'efforçait de maintenir l'esprit de foi et de piété par ses conseils, la solidité de ses instructions et le zèle dont il entourait les pieuses associations et les diverses œuvres établies dans sa paroisse.

Huit années s'écoulèrent ainsi, pendant lesquelles se ressèrèrent chaque jour davantage les liens de l'affection et du dévouement qui l'attachaient à ses paroissiens. L'heure des adieux et de la séparation sonna de nouveau. Les sentiments de son cœur, l'humilité de son âme se révèlent dans ces quelques lignes : « Il me faut donc aujourd'hui, mes frères bien-« aimés, briser les liens que le Seigneur semblait avoir « formé entre vous et moi pour tout le temps de ma vie. Il « faut quitter cette paroisse à laquelle j'aimais à consacrer « mes soins et qui était l'objet incessant de toutes mes solli-« citudes... Ah ! laissez-moi vous dire, dans ce dernier et « suprême épanchement de mon cœur, toute la douleur dont « il est rempli... Le sacrifice que Dieu me demande est bien

(1) Ep. ad Eph. v. 27.

« grand..... Je laisse au milieu de vous la meilleure part de
« moi-même, mon cœur et toutes les ardeurs de la charité
« dont je me sens pressé pour vous. *Charitas Dei urget nos.*
« Peut-être m'est-il arrivé de causer involontairement quel-
« que peine ou quelque déplaisir à plusieurs d'entre vous..
« Qu'il me soit permis de compter en ce moment sur l'oubl
« et sur le pardon. » (1)

La séparation, si pénible pour le cœur du pasteur, ne le fût pas moins pour ses paroissiens qui avaient appris à vénérer leur digne archiprêtre. M. Richard laissait à Saint-Calais des regrets nombreux et sincères, des souvenirs de foi et de dévouement que garderont toujours de lui ceux qui l'ont connu.

IX

La mort de M. Toury (2) et la nomination de M. Chevereau comme Vicaire-Général, avaient laissé vacant un canonicat. « Vous y avez plus de droits que personne, écrivait alors « Mgr Fillion à M. Richard (3), à raison de vos services « antérieurs et de ceux que vous pourrez encore rendre au « Mans. Quoique je n'aie point divulgué mes intentions « elles ont été devinées et l'opinion publique vous désigne « pour ce titre ecclésiastique. Aucune nomination ne peut « être plus approuvée. » — « Daignez trouver bon, Mon-« seigneur, répondait l'archiprêtre de Saint-Calais, que « dans une conjoncture si grave, la décision ne vienne pas « de moi, mais uniquement de Dieu par votre intermé-« diaire... Ce me serait un insigne honneur de siéger dans « votre Chapitre cathédral,.. mais je vous supplie de per-

(1) Adieux à Saint-Calais, 2 septembre 1866.
(2) 4 août 1866.
(3) Lettre de Mgr Fillion, Le Mans, 7 août 1866.

« mettre qu'aucune parole de ma part ne soit entendue pour « la détermination que Votre Grandeur va prendre à mon « sujet. » (1) M. Richard prenait possession de son canonicat le 14 septembre 1866 (2). Le souvenir de sa chère paroisse de Saint-Calais charmait ses heures de solitude et d'isolement. Appelé, comme il le disait, « au ministère plus spécial de la prière publique », il aimait cependant à s'adonner au ministère extérieur. Aussi longtemps que le lui permirent ses forces, il fut le Directeur de l'Association des Enfants de Marie, de l'Œuvre des Vivants et des Morts, du Rosaire vivant, en même temps qu'aumônier des Conférences de Saint-Vincent-de-Paul. Il apportait à la direction de ces différentes œuvres cet esprit de foi et de piété, cette scrupuleuse sollicitude qui marquaient tous ses actes. Quel soin ne prenait-il pas de la bibliothèque du Rosaire, jusqu'au point d'en reviser tous les ouvrages et de s'imposer l'obligation de lire lui-même tous les livres nouveaux qu'il y déposait. MM. les Membres de la Conférence de Saint-Vincent-de-Paul ont rendu témoignage de son zèle à guider et à encourager la charité et le dévouement de cette Société.

Sa modestie l'empêcha toujours de se prodiguer au dehors, et bientôt, du reste, il dût renoncer à tout ministère extérieur. Dès 1872, une maladie subite avait mis ses jours en danger. Il put reprendre encore pendant quelques années ses occupations, mais en 1876, il lui fallut cesser d'assister aux offices de la Cathédrale. Que dire, dès lors, de cette vie humble, cachée, uniforme, vie féconde cependant, vie pleine de mérites et d'édification ! Déjà, il se préparait à la mort : « Je vous en prie, ne m'oubliez pas devant le Bon Dieu,

(1) Lettre de M. Richard, Saint-Calais, 9 août 1866.

(2) Sa nomination avait été agréée par décret impérial, en date du 29 août 1866.

« écrivait-il ; plus j'avance dans la vie, me rapprochant à « pas rapides d'un terme qui n'est plus loin, plus je sens « combien mes mains sont vides et par conséquent combien « j'ai besoin d'être aidé... » (1)

Ce digne et saint vieillard qui portait une âme si vaillante, un cœur si aimant dans un corps si frêle, fut aux prises, pendant près de dix ans, avec la maladie et la souffrance. Les derniers temps de sa vie furent de longs jours d'impuissance et d'épuisement, pendant lesquels la patience de celui qu'on ne vit jamais ni violent ni emporté, ne se démentit pas un seul instant. Privé de la consolation de célébrer les saints mystères, d'assister aux offices, réduit à ne pouvoir plus réciter le bréviaire, dans l'impossibilité même de s'adonner à la méditation, à l'examen particulier, à la lecture spirituelle avec cette régularité d'autrefois, il acceptait ces sacrifices sans murmures et sans plaintes.

Ceux qui l'approchaient pouvaient recueillir encore de sa voix presque éteinte, quelques-unes de ces paroles aimables et affectueuses dont il avait le secret, sachant également rendre hommage à la charité d'amis fidèles qui voulaient bien venir le distraire et le visiter de temps en temps. Tout ce qui les touchait l'intéressait vivement. Avec quelle joie n'accueillit-il pas la nouvelle de la nomination de M. l'abbé Boullay comme chanoine honoraire ! Une grande satisfaction pour son cœur fut encore d'apprendre la nomination de M. l'abbé Outin, comme vicaire général, car au milieu de ses affaissements il avait su trouver assez de force et d'ardeur pour dissiper les craintes et les hésitations de son ami. La présence et les soins assidus d'une belle-sœur toute dévouée, adoucissaient aussi ses cruelles souffrances. Enfin, la lec-

(1) Lettre du 14 novembre 1875.

ture quotidienne de l'*Univers*(1) était pour le pauvre malade une distraction précieuse. Suivant avec anxiété les événements qui constituent les phases de notre histoire contemporaine, M. Richard s'associait avec joie aux trop rares triomphes de l'Eglise et de la patrie, comme il s'affligeait des maux de la patrie et des persécutions portées contre l'Eglise. Eclairé par sa foi, le vrai prêtre voyait partout Dieu et son Eglise. « Attaché, disait il, « de cœur et d'âme à cette sainte Eglise de Jésus-Christ « qui seule a les paroles de vie, nous l'aimons du fond « de nos entrailles plus que tout sur la terre ; plus elle « est affligée et humiliée dans sesmembres et surtout dans « son chef, plus aussi nous sentons croître notre dévoue- « ment pour Elle, notre amour, notre vénération pour N. S. « Père le Pape qui la gouverne, et le Pontife qu'Elle nous a « donné... » C'est là une éloquente profession de foi.

Fortifié par les derniers sacrements, dès longtemps familiarisé avec la pensée de la mort, il voyait venir, avec le calme et la résignation de la foi, l'heure suprême. Si la mort ne l'effrayait pas, il redoutait cependant les jugements de Dieu, et dans son humilité il se demandait ce qu'il avait fait des talents et des grâces qu'il avait reçus. Pour nous, à qui il manifestait ses craintes, il nous semblait lire sa vie dans le portrait du juste tracé par le Psalmiste (2) : *Beatus vir qui non abiit in concilio impiorum*, il s'est séparé du monde, il a fui le commerce des impies ; *in via peccatorum non stetit*, il ne s'est point arrêté dans la voie des pécheurs ; *in cathedra pestilentiæ non sedit,* il n'a jamais enseigné des doctrines dangereuses; *sed in lege Domini voluntas ejus*, mais sa volonté ferme a toujours été de demeurer fidèle à la loi de Dieu, et il a

(1) Il fut dès le commencement et resta toujours un des fidèles abonnés à ce vaillant journal.

(2) Psaume I. v. 1. et suiv.

médité cette loi sainte le jour et la nuit, *et in lege ejus meditabitur die ac nocte. Novit Dominus viam justorum,* le Seigneur connaît la voie des justes, et c'est par cette voie qu'il a rappelé à lui son fidèle serviteur, le vendredi 20 novembre 1885.

Sa mort a été la mort du juste parce que sa vie toute entière a été la vie du juste. *Justus autem meus ex fide vivit.*

X

Monseigneur l'Evêque du Mans, qui avait daigné venir visiter le vénérable malade, a exprimé tous ses regrets de ne pouvoir assister à ses funérailles.

En exprimant les mêmes regrets, le R. P. Julien Calais Rocher, dont le souvenir est resté si vivant à Saint-Calais et au Mans, disait de M. Richard : « Il était si vertueux et si « exemplaire en tout!... Dans les dix années que j'ai eu le « bonheur de vivre avec lui dans l'intimité la plus grande, « je n'ai pas remarqué en lui le plus petit défaut. C'était « assurément un des prêtres les plus marquants du diocèse « par sa belle intelligence et son humilité profonde. Le bon « Dieu m'a accordé bien des grâces, mais je regarde comme « une des plus grandes de me l'avoir donné pour curé, pour « directeur et pour ami. » (1)

C'est l'expression fidèle de tout filial et fraternel hommage rendu par tous ceux qui ont connu M. Richard, à la mémoire de cet homme de cœur, de ce prêtre si saint et si digne auquel le Seigneur aura daigné accorder le repos éternel. *Requiem æternam dona ei, Domine.*

(1) Lettre du R. P. Julien Calais Rocher, maître des novices à la Chartreuse de Montreuil-sur-Mer. 23 novembre 1885.

Le Mans. — Imprimerie Leguicheux et Cie.

www.ingramcontent.com/pod-product-compliance
Ingram Content Group UK Ltd.
Pitfield, Milton Keynes, MK11 3LW, UK
UKHW020230180726
13838UKWH00005B/2308

9 782329 482132